Made in the USA
Coppell, TX
23 January 2022

72190097R00063